THE RAVEN
LE CORBEAU

Edgar Allan Poe
Traduction par
Charles Baudelaire
Illustrations de
Gustave Doré

ÉDITION BILINGUE

Sommaire

LA GENÈSE D'UN POËME

La poétique est faite, nous disait-on, et modelée d'après les poëmes. Voici un poëte qui prétend que son poëme a été composé d'après sa poétique. Il avait certes un grand génie et plus d'inspiration que qui que ce soit, si par inspiration on entend l'énergie, l'enthousiasme intellectuel, et la faculté de tenir ses facultés en éveil. Mais il aimait aussi le travail plus qu'aucun autre ; il répétait volontiers, lui, un original achevé, que l'originalité est chose d'apprentissage, ce qui ne veut pas dire une chose qui peut être transmise par l'enseignement. Le hasard et l'incompréhensible étaient ses deux grands ennemis. S'est-il fait, par une vanité étrange et amusante, beaucoup moins inspiré qu'il ne l'était naturellement ? A-t-il diminué la faculté gratuite qui était en lui pour faire la part plus belle à la volonté ? Je serais assez porté à le croire ; quoique cependant il faille ne pas oublier que son génie, si ardent et si agile qu'il fût, était passionnément épris d'analyse, de combinaisons et de calculs. Un de ses axiomes favoris était encore celui-ci : « Tout, dans un poëme comme dans un roman, dans un sonnet comme dans une nouvelle, doit concourir au dénoûment. Un bon auteur a déjà sa dernière ligne en vue quand il écrit la première. » Grâce à cette admirable méthode, le compositeur peut commencer son œuvre par la fin, et travailler, quand il lui plaît, à n'importe quelle partie. Les amateurs du *délire* seront peut-être révoltés par ces *cyniques* maximes ; mais chacun en peut prendre ce qu'il voudra. Il sera toujours utile de leur montrer quels bénéfices l'art peut tirer de la délibération, et de faire voir aux gens du monde quel labeur exige cet objet de luxe qu'on nomme Poésie.

Après tout, un peu de charlatanerie est toujours permis au génie, et même ne lui messied pas. C'est, comme le fard sur les pommettes d'une femme naturellement belle, un assaisonnement nouveau pour l'esprit.

Poëme singulier entre tous. Il roule sur un mot mystérieux et profond, terrible comme l'infini, que des milliers de bouches crispées ont répété depuis le commencement des âges, et que par une triviale habitude de désespoir plus d'un rêveur a écrit sur le coin de sa table pour essayer sa plume : *Jamais plus !* De cette idée, l'immensité, fécondée par la destruction, est remplie du haut en bas, et l'Humanité, non abrutie, accepte volontiers l'Enfer, pour échapper au désespoir irrémédiable contenu dans cette parole.

Dans le moulage de la prose appliqué à la poésie, il y a nécessairement une affreuse imperfection ; mais le mal serait encore plus grand dans une singerie rimée. Le lecteur comprendra qu'il m'est impossible de lui donner une idée exacte de la sonorité profonde et lugubre, de la puissante monotonie de ces vers, dont les rimes larges et triplées sonnent comme un glas de mélancolie. C'est bien là le poëme de l'insomnie du désespoir ; rien n'y manque : ni la fièvre des idées, ni la violence des couleurs, ni le raisonnement maladif, ni la terreur radoteuse, ni même cette gaieté bizarre de la douleur qui la rend plus terrible. Écoutez chanter dans votre mémoire les strophes les plus plaintives de Lamartine, les rhythmes les plus magnifiques et les plus compliqués de Victor Hugo ; mêlez-y le souvenir des tercets les plus subtils et les plus compréhensifs de Théophile Gautier, — de *Ténèbres*, par exemple, ce chapelet de redoutables concetti sur la mort et le néant, où la rime triplée s'adapte si bien à la mélancolie obsédante, — et vous obtiendrez peut-être une idée approximative des talents de Poe en tant que versificateur ; je dis : en tant que versificateur, car il est superflu, je pense, de parler de son imagination.

Mais j'entends le lecteur qui murmure comme Alceste : « Nous verrons bien ! » — Voici donc le poëme :

C. B.

The Raven

1845

Le Corbeau

ΑΝΑΓΚΗ

ONCE upon a midnight dreary, while I pondered, weak and weary,

Over many a quaint and curious volume of forgotten lore,
While I nodded, nearly napping, suddenly there came a tapping,
As of some one gently rapping, rapping at my chamber door.
"'Tis some visiter," I muttered, "tapping at my chamber door—
Only this, and nothing more."

Une fois, sur le minuit lugubre, pendant que je méditais, faible et fatigué,

sur maint précieux et curieux volume d'une doctrine oubliée,
pendant que je donnais de la tête, presque assoupi, soudain il se fit un tapotement,
comme de quelqu'un frappant doucement, frappant à la porte de ma chambre.
« C'est quelque visiteur, — murmurai-je, — qui frappe à la porte de ma chambre ;
ce n'est que cela, et rien de plus. »

Ah, distinctly I remember it was in the bleak December,

And each separate dying ember wrought its ghost upon the floor.
Eagerly I wished the morrow;—vainly I had sought to borrow
From my books surcease of sorrow—sorrow for the lost Lenore—
For the rare and radiant maiden whom the angels name Lenore—
Nameless here for evermore.

Ah ! distinctement je me souviens que c'était dans le glacial décembre,

et chaque tison brodait à son tour le plancher du reflet de son agonie.
Ardemment je désirais le matin ; en vain m'étais-je efforcé de tirer
de mes livres un sursis à ma tristesse, ma tristesse pour ma Lénore perdue,
pour la précieuse et rayonnante fille que les anges nomment Lénore, —
et qu'ici on ne nommera jamais plus.

NEVERMORE
G. Doré

CLAUDIUS
G Doré

*A*nd the silken sad uncertain rustling of each purple curtain

Thrilled me—filled me with fantastic terrors never felt before;
So that now, to still the beating of my heart, I stood repeating
"'Tis some visiter entreating entrance at my chamber door—
Some late visiter entreating entrance at my chamber door;—
This it is, and nothing more."

*E*t le soyeux, triste et vague bruissement des rideaux pourprés

me pénétrait, me remplissait de terreurs fantastiques, inconnues pour moi jusqu'à ce jour ;
si bien qu'enfin, pour apaiser le battement de mon cœur, je me dressai, répétant :
« C'est quelque visiteur qui sollicite l'entrée à la porte de ma chambre,
quelque visiteur attardé sollicitant l'entrée à la porte de ma chambre ; —
c'est cela même, et rien de plus. »

*P*resently my soul grew stronger; hesitating then no longer,

"Sir," said I, "or Madam, truly your forgiveness I implore;
But the fact is I was napping, and so gently you came rapping,
And so faintly you came tapping, tapping at my chamber door,
That I scarce was sure I heard you"—here I opened wide the
door;——
Darkness there, and nothing more.

*M*on âme en ce moment se sentit plus forte. N'hésitant donc pas plus longtemps :

« Monsieur, — dis-je, — ou madame, en vérité j'implore votre pardon ;

mais le fait est que je sommeillais, et vous êtes venu frapper si doucement,

si faiblement vous êtes venu taper à la porte de ma chambre,

qu'à peine étais-je certain de vous avoir entendu. » Et alors j'ouvris la porte toute grande ; —

les ténèbres, et rien de plus !

*D*eep into that darkness peering, long I stood there wondering, fearing,

Doubting, dreaming dreams no mortal ever dared to dream before;
But the silence was unbroken, and the darkness gave no token,
And the only word there spoken was the whispered word, "Lenore!"
This I whispered, and an echo murmured back the word, "Lenore!"
Merely this, and nothing more.

*S*crutant profondément ces ténèbres, je me tins longtemps plein d'étonnement, de crainte,

de doute, rêvant des rêves qu'aucun mortel n'a jamais osé rêver ;
mais le silence ne fut pas troublé, et l'immobilité ne donna aucun signe,
et le seul mot proféré fut un nom chuchoté : « Lénore ! » —
C'était moi qui le chuchotais, et un écho à son tour murmura ce mot : « Lénore ! » —
Purement cela, et rien de plus.

Back into the chamber turning, all my soul within me burning,

Soon I heard again a tapping somewhat louder than before.
"Surely," said I, "surely that is something at my window lattice;
Let me see, then, what thereat is, and this mystery explore—
Let my heart be still a moment and this mystery explore;—
'Tis the wind and nothing more!"

Rentrant dans ma chambre, et sentant en moi toute mon âme incendiée,

j'entendis bientôt un coup un peu plus fort que le premier.
« Sûrement, — dis-je, — sûrement, il y a quelque chose aux jalousies de ma fenêtre ;
voyons donc ce que c'est, et explorons ce mystère.
Laissons mon cœur se calmer un instant, et explorons ce mystère ; — c'est le vent, et rien de plus. »

Open here I flung the shutter, when, with many a flirt and flutter,

In there stepped a stately raven of the saintly days of yore;
Not the least obeisance made he; not an instant stopped or stayed he;
But, with mien of lord or lady, perched above my chamber door—
Perched upon a bust of Pallas just above my chamber door—
Perched, and sat, and nothing more.

Je poussai alors le volet, et, avec un tumultueux battement d'ailes,

entra un majestueux corbeau digne des anciens jours.
Il ne fit pas la moindre révérence, il ne s'arrêta pas, il n'hésita pas une minute ;
mais, avec la mine d'un lord ou d'une lady, il se percha au-dessus de la porte de ma chambre ;
il se percha sur un buste de Pallas juste au-dessus de la porte de ma chambre ; —
il se percha, s'installa, et rien de plus.

*T*hen this ebony bird beguiling my sad fancy into smiling,

By the grave and stern decorum of the countenance it wore,
"Though thy crest be shorn and shaven, thou," I said, "art sure no craven,
Ghastly grim and ancient raven wandering from the Nightly shore—
Tell me what thy lordly name is on the Night's Plutonian shore!"
Quoth the raven, "Nevermore."

*A*lors cet oiseau d'ébène, par la gravité de son maintien et la sévérité de sa physionomie,

induisant ma triste imagination à sourire :
« Bien que ta tête, — lui dis-je, — soit sans huppe et sans cimier,
tu n'es certes pas un poltron, lugubre et ancien corbeau, voyageur parti des rivages de la nuit.
Dis-moi quel est ton nom seigneurial aux rivages de la Nuit plutonienne ! »
Le corbeau dit : « Jamais plus ! »

M*uch I marvelled this ungainly fowl to hear discourse so plainly,*

Though its answer little meaning—little relevancy bore;
For we cannot help agreeing that no living human being
Ever yet was blessed with seeing bird above his chamber door—
Bird or beast upon the sculptured bust above his chamber door,
With such name as "Nevermore."

Je fus émerveillé que ce disgracieux volatile entendît si facilement la parole,

bien que sa réponse n'eût pas un bien grand sens et ne me fût pas d'un grand secours ;
car nous devons convenir que jamais il ne fut donné à un homme vivant
de voir un oiseau au-dessus de la porte de sa chambre,
un oiseau ou une bête sur un buste sculpté au-dessus de la porte de sa chambre,
se nommant d'un nom tel que Jamais plus !

But the raven, sitting lonely on the placid bust, spoke only

That one word, as if his soul in that one word he did outpour.
Nothing farther then he uttered—not a feather then he fluttered—
Till I scarcely more than muttered "Other friends have flown before—
On the morrow he will leave me, as my hopes have flown before."
Then the bird said "Nevermore."

Mais le corbeau, perché solitairement sur le buste placide, ne proféra que ce mot unique,

comme si dans ce mot unique il répandait toute son âme.
Il ne prononça rien de plus ; il ne remua pas une plume, —
jusqu'à ce que je me prisse à murmurer faiblement : « D'autres amis se sont déjà envolés loin de moi ;
vers le matin, lui aussi, il me quittera comme mes anciennes espérances déjà envolées. »
L'oiseau dit alors : « Jamais plus ! »

*S*tartled at the stillness broken by reply so aptly spoken,

"Doubtless," said I, "what it utters is its only stock and store
Caught from some unhappy master whom unmerciful Disaster
Followed fast and followed faster till his songs one burden bore—
Till the dirges of his Hope that melancholy burden bore
Of 'Never—nevermore.'"

Tressaillant au bruit de cette réponse jetée avec tant d'à-propos :

« Sans doute, — dis-je, — ce qu'il prononce est tout son bagage de savoir,
qu'il a pris chez quelque maître infortuné que le Malheur impitoyable a poursuivi ardemment,
sans répit, jusqu'à ce que ses chansons n'eussent plus qu'un seul refrain,
jusqu'à ce que le De profundis de son Espérance eût pris ce mélancolique refrain :
Jamais, jamais plus !

But the raven still beguiling all my sad soul into smiling,

Straight I wheeled a cushioned seat in front of bird, and bust and door;
Then, upon the velvet sinking, I betook myself to linking
Fancy unto fancy, thinking what this ominous bird of yore—
What this grim, ungainly, ghastly, gaunt, and ominous bird of yore
Meant in croaking "Nevermore."

Mais, le corbeau induisant encore toute ma triste âme à sourire,

je roulai tout de suite un siège à coussins en face de l'oiseau et du buste et de la porte ;
alors, m'enfonçant dans le velours, je m'appliquai à enchaîner les idées aux idées,
cherchant ce que cet augural oiseau des anciens jours,
ce que ce triste, disgracieux, sinistre, maigre et augural oiseau des anciens jours
voulait faire entendre en croassant son Jamais plus !

This I sat engaged in guessing, but no syllable expressing

To the fowl whose fiery eyes now burned into my bosom's core;
This and more I sat divining, with my head at ease reclining
On the cushion's velvet lining that the lamplight gloated o'er,
But whose velvet violet lining with the lamplight gloating o'er,
She shall press, ah, nevermore!

Je me tenais ainsi, rêvant, conjecturant, mais n'adressant plus une syllabe à l'oiseau,

dont les yeux ardents me brûlaient maintenant jusqu'au fond du cœur ;
je cherchais à deviner cela, et plus encore, ma tête reposant à l'aise
sur le velours du coussin que caressait la lumière de la lampe,
ce velours violet caressé par la lumière de la lampe que sa tête,
à Elle, ne pressera plus, — ah ! jamais plus !

Then, methought, the air grew denser, perfumed from an unseen censer

Swung by angels whose faint foot-falls tinkled on the tufted floor.
"Wretch," I cried, "thy God hath lent thee—by these angels he hath sent thee
Respite—respite and nepenthe from thy memories of Lenore!
Quaff, oh quaff this kind nepenthe and forget this lost Lenore!"
Quoth the raven, "Nevermore."

Alors il me sembla que l'air s'épaississait, parfumé par un encensoir invisible

que balançaient des séraphins dont les pas frôlaient le tapis de la chambre.
« Infortuné ! — m'écriai-je, — ton Dieu t'a donné par ses anges,
il t'a envoyé du répit, du répit et du népenthès dans tes ressouvenirs de Lénore !
Bois, oh ! bois ce bon népenthès, et oublie cette Lénore perdue ! »
Le corbeau dit : « Jamais plus ! »

"Prophet!" said I, "thing of evil!—prophet still, if bird or devil!—

Whether Tempter sent, or whether tempest tossed thee here ashore,
Desolate yet all undaunted, on this desert land enchanted—
On this home by Horror haunted—tell me truly, I implore—
Is there—is there balm in Gilead?—tell me—tell me, I implore!"
Quoth the raven, "Nevermore."

« Prophète ! — dis-je, — être de malheur ! oiseau ou démon, mais toujours prophète !

que tu sois un envoyé du Tentateur, ou que la tempête t'ait simplement échoué,
naufragé, mais encore intrépide, sur cette terre déserte, ensorcelée,
dans ce logis par l'Horreur hanté, — dis-moi sincèrement, je t'en supplie,
existe-t-il, existe-t-il ici un baume de Judée ? Dis, dis, je t'en supplie ! »
Le corbeau dit : « Jamais plus ! »

"Prophet!" said I, "thing of evil—prophet still, if bird or devil!

By that Heaven that bends above us—by that God we both adore—
Tell this soul with sorrow laden if, within the distant Aidenn,
It shall clasp a sainted maiden whom the angels name Lenore—
Clasp a rare and radiant maiden whom the angels name Lenore."
Quoth the raven, "Nevermore."

« Prophète ! — dis-je, — être de malheur ! oiseau ou démon ! toujours prophète !

par ce Ciel tendu sur nos têtes, par ce Dieu que tous deux nous adorons,
dis à cette âme chargée de douleur si, dans le Paradis lointain,
elle pourra embrasser une fille sainte que les anges nomment Lénore,
embrasser une précieuse et rayonnante fille que les anges nomment Lénore. »
Le corbeau dit : « Jamais plus ! »

"Be that word our sign of parting, bird or fiend!" I shrieked, upstarting—

"Get thee back into the tempest and the Night's Plutonian shore!
Leave no black plume as a token of that lie thy soul hath spoken!
Leave my loneliness unbroken!—quit the bust above my door!
Take thy beak from out my heart, and take thy form from off my door!"
Quoth the raven, "Nevermore."

« Que cette parole soit le signal de notre séparation, oiseau ou démon ! — hurlai-je en me redressant. —

Rentre dans la tempête, retourne au rivage de la Nuit plutonienne ;
ne laisse pas ici une seule plume noire comme souvenir du mensonge
que ton âme a proféré ;
laisse ma solitude inviolée ; quitte ce buste au-dessus de ma porte ;
arrache ton bec de mon cœur et précipite ton spectre loin de ma
porte ! »
Le corbeau dit : « Jamais plus ! »

And the raven, never flitting, still is sitting, still is sitting
On the pallid bust of Pallas just above my chamber door;
And his eyes have all the seeming of a demon's that is dreaming,
And the lamp-light o'er him streaming throws his shadow on the floor;
And my soul from out that shadow that lies floating on the floor
Shall be lifted—nevermore!

Et le corbeau, immuable, est toujours installé, toujours installé sur le buste pâle de Pallas, juste au-dessus de la porte de ma chambre ;
et ses yeux ont toute la semblance des yeux d'un démon qui rêve ;
et la lumière de la lampe, en ruisselant sur lui, projette son ombre sur le plancher ;
et mon âme, hors du cercle de cette ombre qui gît flottante sur le plancher,
ne pourra plus s'élever, — jamais plus !

Maintenant, voyons la coulisse, l'atelier, le laboratoire, le mécanisme intérieur, selon qu'il vous plaira de qualifier la *Méthode de composition*.

MÉTHODE DE COMPOSITION

Charles Dickens, dans une note que j'ai actuellement sous les yeux, parlant d'une analyse que j'avais faite du mécanisme de *Barnaby Rudge*, dit : « Savez-vous, soit dit en passant, que Godwin a écrit son *Caleb Williams* à rebours ? Il a commencé par envelopper son héros dans un tissu de difficultés, qui forment la matière du deuxième volume, et ensuite, pour composer le premier, il s'est mis à rêver aux moyens de légitimer tout ce qu'il avait fait. »

Il m'est impossible de croire que tel a été précisément le mode de composition de Godwin, et d'ailleurs ce qu'il en avoue lui-même n'est pas absolument conforme à l'idée de M. Dickens ; mais l'auteur de *Caleb Williams* était un trop parfait artiste pour ne pas apercevoir le bénéfice qu'on peut tirer de quelque procédé de ce genre. S'il est une chose évidente, c'est qu'un plan quelconque, digne du nom de plan, doit avoir été soigneusement élaboré en vue du dénoûment, avant que la plume attaque le papier. Ce n'est qu'en ayant sans cesse la pensée du dénoûment devant les yeux que nous pouvons donner à un plan son indispensable physionomie de logique et de causalité, — en faisant que tous les incidents, et particulièrement le ton général, tendent vers le développement de l'intention.

Il y a, je crois, une erreur radicale dans la méthode généralement usitée pour construire un conte. Tantôt l'histoire nous fournit une thèse ; tantôt l'écrivain se trouve inspiré par un incident contemporain ; ou bien, mettant les choses au mieux, il s'ingénie à combiner des événements surprenants, qui doivent former simplement la base de son récit, se promettant généralement d'introduire les descriptions, le dialogue ou son commentaire personnel, partout où une crevasse dans le tissu de l'action lui en fournit l'opportunité.

Pour moi, la première de toutes les considérations, c'est celle d'un *effet* à produire. Ayant toujours en vue l'originalité (car il est traître envers lui-même, celui qui risque de se passer d'un moyen d'intérêt aussi évident et aussi facile), je me dis, avant tout : parmi les innombrables effets ou impressions que le cœur, l'intelligence ou, pour parler plus généralement, l'âme est susceptible de recevoir, quel est l'unique *effet* que je dois choisir dans le cas présent ? Ayant donc fait choix d'un sujet de roman et ensuite d'un vigoureux effet à produire, je cherche s'il vaut mieux le mettre en lumière par les incidents ou par le ton, — ou par des incidents vulgaires et un ton particulier, — ou par des incidents singuliers et un ton ordinaire, — ou par une égale singularité de ton et d'incidents ; — et puis, je cherche autour de moi, ou plutôt en moi-même, les combinaisons d'événements ou de tons qui peuvent être les plus propres à créer l'effet en question.

Bien souvent j'ai pensé combien serait intéressant un article écrit par un auteur qui voudrait, c'est-à-dire qui pourrait raconter, pas à pas, la marche progressive qu'a suivie une quelconque de ses compositions pour arriver au terme définitif de son accomplissement. Pourquoi un pareil travail n'a-t-il jamais été livré au public, il me serait difficile de l'expliquer ; mais peut-être la vanité des auteurs a-t-elle été, pour cette lacune littéraire, plus puissante qu'aucune autre cause. Beaucoup d'écrivains, particulièrement les poëtes, aiment mieux laisser entendre qu'ils composent grâce à une espèce de frénésie subtile, ou d'intuition extatique, et ils auraient positivement le frisson s'il leur fallait autoriser le public à jeter un coup d'œil derrière la scène, et à contempler les laborieux et indécis embryons de pensée, la vraie décision prise au dernier moment, l'idée si souvent entrevue comme dans un éclair et refusant si longtemps de se laisser voir en pleine lumière, la pensée pleinement mûrie et rejetée de désespoir comme étant d'une nature intraitable, le choix prudent et les rebuts, les douloureuses ratures et les interpolations, — en un mot, les rouages et les chaînes, les trucs pour les changements de décor, les échelles et les trappes, — les plumes de coq, le rouge, les mouches et tout le maquillage qui, dans quatre-vingt-dix-neuf cas sur cent, constituent l'apanage et le naturel de *l'histrion littéraire*.

Je sais, d'autre part, que le cas n'est pas commun où un auteur se trouve dans une bonne condition pour reprendre le chemin par lequel il est arrivé à son dénoûment. En général, les idées, ayant surgi pêle-mêle, ont été poursuivies et oubliées de la même manière.

Pour ma part, je ne partage pas la répugnance dont je parlais tout à l'heure, et je ne trouve pas la moindre difficulté à me rappeler la marche progressive de toutes mes compositions ; et puisque l'intérêt d'une telle analyse ou reconstruction, que j'ai considérée comme un *desideratum* en littérature, est tout à fait indépendant de tout intérêt réel supposé dans la chose analysée, on ne m'accusera pas de manquer aux convenances, si je dévoile le *modus operandi* grâce auquel j'ai pu construire l'un de mes propres ouvrages. Je choisis *le Corbeau* comme très-généralement connu. Mon dessein est de démontrer qu'aucun point de la composition ne peut être attribué au hasard ou à l'intuition, et que l'ouvrage a marché, pas à pas, vers sa solution avec la précision et la rigoureuse logique d'un problème mathématique.

Laissons de côté, comme ne relevant pas directement de la question poétique, la circonstance ou, si vous voulez, la nécessité d'où est née l'intention de composer un poëme qui satisfît à la fois le goût populaire et le goût critique.

C'est donc à partir de cette intention que commence mon analyse.

La considération primordiale fut celle de la dimension. Si un ouvrage littéraire est trop long pour se laisser lire en une seule séance, il faut nous résigner à nous priver de l'effet prodigieusement important qui résulte de l'unité d'impression ; car, si deux séances sont nécessaires, les affaires du monde s'interposent, et tout ce que nous appelons *l'ensemble*, totalité, se trouve détruit du coup. Mais, puisque, *cæteris paribus*, aucun poëte ne peut se priver de tout ce qui concourra à servir son dessein, il ne reste plus qu'à examiner si, dans l'étendue, nous trouverons un avantage quelconque compensant cette perte de l'unité qui en résulte. Et tout d'abord je dis : Non. Ce que nous appelons un long poëme n'est, en réalité, qu'une succession de poëmes courts, c'est-à-dire d'effets poétiques brefs. Il est inutile de dire qu'un poëme n'est un poëme qu'en tant qu'il élève l'âme et lui procure une excitation intense ; et, par une nécessité psychique, toutes les excitations intenses sont de courte durée. C'est pourquoi la moitié au moins du *Paradis perdu* n'est que pure prose, n'est qu'une série d'excitations poétiques parsemées *inévitablement* de dépressions correspondantes, tout l'ouvrage étant privé, à cause de son excessive longueur, de cet élément artistique si singulièrement important : totalité ou unité d'effet.

Il est donc évident qu'il y a, en ce qui concerne la dimension, une limite positive pour tous les ouvrages littéraires, — c'est la limite d'une seule séance ; — et, quoique, en de certains ordres de compositions en prose, telles que *Robinson Crusoé*, qui ne réclament pas l'unité, cette limite puisse être avantageusement dépassée, il n'y aura jamais profit à la dépasser dans un poëme. Dans cette limite même, l'étendue d'un poëme doit se trouver en rapport mathématique avec le mérite dudit poëme, c'est-à-dire avec l'élévation ou l'excitation qu'il comporte, en d'autres termes encore, avec la quantité de véritable effet poétique dont il peut frapper les âmes ; il n'y a à cette règle qu'une seule condition restrictive, c'est qu'une certaine quantité de durée est absolument indispensable pour la production d'un effet quelconque.

Gardant bien ces considérations présentes à mon esprit, ainsi que ce degré d'excitation que je ne plaçais pas au-dessus du goût populaire non plus qu'au-dessous du critique, je conçus tout d'abord l'idée de la longueur convenable de mon poëme projeté, une longueur de cent vers environ. Or, il n'en a, en réalité, que cent huit.

Ma pensée ensuite s'appliqua au choix d'une impression ou d'un effet à produire ; et ici je crois qu'il est bon de faire observer que, à travers ce labeur de construction, je gardai toujours présent à mes yeux le dessein de rendre l'œuvre *universellement* appréciable. Je serais emporté beaucoup trop loin de mon sujet immédiat, si je m'appliquais à démontrer un point sur lequel j'ai insisté nombre de fois, à savoir, que le Beau est le seul domaine légitime de la poésie. Je dirai cependant quelques mots pour l'élucidation de ma véritable pensée, que quelques-uns de mes amis se sont montrés trop prompts à travestir. Le plaisir qui est à la fois le plus intense, le plus élevé et le plus pur, ce plaisir-là ne se trouve, je crois, que dans la contemplation du Beau. Quand les hommes parlent de Beauté, ils entendent, non pas précisément une qualité, comme on le suppose, mais une impression ; bref, ils ont justement en vue cette violente et pure élévation de l'*âme,* — non pas de l'intellect, non plus que du cœur, — que j'ai déjà décrite, et qui est le résultat de la contemplation du Beau. Or, je désigne la Beauté comme le domaine de la poésie, parce que c'est une règle évidente de l'Art que les effets doivent nécessairement naître de causes directes, que les objets doivent être conquis par les moyens qui sont le mieux appropriés à la conquête desdits objets, — aucun homme ne s'étant encore montré assez sot pour nier que l'élévation singulière dont je parle soit plus facilement à la portée de la Poésie. Or, l'objet Vérité, ou satisfaction de l'intellect, et l'objet Passion, ou excitation du cœur, sont, — quoiqu'ils soient aussi, dans une certaine mesure, à la portée de la poésie — beaucoup plus faciles à atteindre par le moyen de la prose. En somme, la Vérité réclame une précision, et la Passion une *familiarité* (les hommes vraiment passionnés me comprendront), absolument contraires à cette Beauté qui n'est autre chose, je le répète, que l'excitation ou le délicieux enlèvement de l'âme. De tout ce qui a été dit jusqu'ici, il ne suit nullement que la passion, ou même la vérité, ne puisse être introduite, et même avec profit, dans un poëme ; car elles peuvent servir à élucider ou à augmenter l'effet général, comme les dissonances en musique, par contraste ; mais le véritable artiste s'efforcera toujours, d'abord de les réduire à un rôle favorable au but principal poursuivi, et ensuite de les envelopper, autant qu'il le pourra, dans ce nuage de beauté qui est l'atmosphère et l'essence de la poésie.

Regardant conséquemment le Beau comme ma province, quel est, me dis-je alors, le *ton* de sa plus haute manifestation ; tel fut l'objet de ma délibération suivante. Or, toute l'expérience humaine confesse que ce ton est celui de la tristesse. Une beauté de n'importe quelle famille, dans son développement suprême, pousse inévitablement aux larmes une âme sensible. La mélancolie est donc le plus légitime de tous les tons poétiques.

La dimension, le domaine et le ton étant ainsi déterminés, je me mis à la recherche, par la voie de l'induction ordinaire, de quelque curiosité artistique et piquante, qui me pût servir comme de clef dans la construction du poëme, — de quelque pivot sur lequel pût tourner toute la machine. Méditant soigneusement sur tous les effets d'art connus, ou plus proprement sur tous les moyens d'*effet*, le mot étant entendu dans le sens scénique, je ne pouvais m'empêcher de voir immédiatement qu'aucun n'avait été plus généralement employé que celui du *refrain*. L'universalité de son emploi suffisait pour me convaincre de sa valeur intrinsèque et m'épargnait la nécessité de le soumettre à l'analyse. Je ne le considérai toutefois qu'en tant que susceptible de perfectionnement, et je vis bientôt qu'il était encore dans un état primitif. Tel qu'on en use communément, le refrain non-seulement est limité aux vers lyriques, mais encore la vigueur de l'impression qu'il doit produire dépend de la puissance de la monotonie dans le son et dans la pensée. Le plaisir est tiré uniquement de la sensation d'identité, de répétition. Je résolus de varier l'effet, pour l'augmenter, en restant généralement fidèle à la monotonie du son, pendant que j'altérerais continuellement celle de la pensée ; c'est-à-dire que je me promis de produire une série continue d'effets nouveaux par une série d'applications variées du refrain, le refrain en lui-même restant presque toujours semblable.

Ces points établis, je m'inquiétai ensuite de la *nature* de mon refrain. Puisque l'application en devait être fréquemment variée, il est clair que ce refrain devait lui-même être bref ; car il y aurait eu une insurmontable difficulté à varier fréquemment les applications d'une phrase un peu longue. La facilité de variation serait naturellement en proportion de la brièveté de la phrase. Cela me conduisit tout de suite à prendre un mot unique comme le meilleur refrain.

Alors s'agita la question relative au *caractère* de ce mot. Ayant arrêté dans mon esprit qu'il y aurait un refrain, la division du poëme en stances apparaissait comme un corollaire nécessaire, le refrain formant la conclusion de chaque stance. Que cette conclusion, cette chute, pour avoir de la force, dût nécessairement être sonore et susceptible d'une emphase prolongée, cela n'admettait pas le doute, et ces considérations me menèrent inévitablement à l'*o* long, comme étant la voyelle la plus sonore, associé à l'*r*, comme étant la consonne la plus vigoureuse.

Le son du refrain étant bien déterminé, il devenait nécessaire de choisir un mot qui renfermât ce son, et qui, en même temps, fût dans le plus complet accord possible avec cette mélancolie que j'avais adoptée comme ton général du poëme. Dans une pareille enquête, il eût été absolument impossible de ne pas tomber sur le mot *nevermore*, — *jamais plus*. En réalité, il fut le premier qui se présenta à mon esprit.

Le *desideratum* suivant fut : Quel sera le prétexte pour l'usage continu du mot unique *jamais plus* ? Observant la difficulté que j'éprouvais à trouver une raison plausible et suffisante pour cette répétition continue, je ne manquai pas d'apercevoir que cette difficulté surgissait uniquement de l'idée préconçue que ce mot, si opiniâtrement et monotonement répété, devait être proféré par un être *humain* ; qu'en somme la difficulté consistait à concilier cette monotonie avec l'exercice de la raison dans la créature chargée de répéter le mot. Alors se dressa tout de suite l'idée d'une créature non raisonnable et cependant douée de parole, et très-naturellement un perroquet se présenta d'abord ; mais il fut immédiatement dépossédé par un corbeau, celui-ci étant également doué de parole et infiniment plus en accord avec le *ton* voulu.

J'étais donc enfin arrivé à la conception d'un corbeau, — le corbeau, oiseau de mauvais augure ! — répétant opiniâtrement le mot *Jamais plus* à la fin de chaque stance dans un poëme d'un ton mélancolique et d'une longueur d'environ cent vers. Alors, ne perdant jamais de vue le superlatif ou la perfection dans tous les points, je me demandai : De tous les sujets mélancoliques, quel est *le plus* mélancolique selon l'intelligence *universelle* de l'humanité ? — La Mort, réponse inévitable. — Et quand, me dis-je, ce sujet, le plus mélancolique de tous, est-il le plus poétique ? — D'après ce que j'ai déjà expliqué assez amplement, on peut facilement deviner la réponse : — C'est quand il s'allie intimement à la Beauté. Donc, la *mort* d'une *belle femme* est incontestablement le plus poétique sujet du monde, et il est également hors de doute que la bouche la mieux choisie pour développer un pareil thème est celle d'un amant privé de son trésor.

J'avais dès lors à combiner ces deux idées : un amant pleurant sa maîtresse défunte, et un corbeau répétant continuellement le mot *Jamais plus*. Il fallait les combiner, et avoir toujours présent à mon esprit le dessein de varier à chaque fois l'application du mot répété ; mais le seul moyen possible pour une pareille combinaison était d'imaginer un corbeau se servant du mot dont il s'agit pour répondre aux questions de l'amant. Et ce fut alors que je vis tout de suite toute la facilité qui m'était offerte pour l'effet auquel mon poëme était suspendu, c'est-à-dire l'effet à produire par la variété dans l'application du refrain. Je vis que je pouvais faire prononcer la première question par l'amant, — la première à laquelle le corbeau devait répondre : *Jamais plus*, — que je pouvais faire de la première question une espèce de lieu commun, — de la seconde quelque chose de moins commun, — de la troisième quelque chose de moins commun encore, et ainsi de suite, jusqu'à ce que l'amant, à la longue tiré de sa nonchalance par le caractère mélancolique du mot, par sa fréquente répétition, et par le souvenir de la réputation sinistre de l'oiseau qui le prononce, se trouvât agité par une excitation superstitieuse et lançât follement des questions d'un caractère tout différent, des questions passionnément intéressantes pour son cœur ;

— questions, faites moitié dans un sentiment de superstition, et moitié dans ce désespoir singulier qui puise une volupté dans sa torture ; — non pas seulement parce que l'amant croit au caractère prophétique ou démoniaque de l'oiseau (qui, la raison le lui démontre, ne fait que répéter une leçon apprise par routine), mais parce qu'il éprouve une volupté frénétique à formuler ainsi ses questions et à recevoir du *Jamais plus* toujours attendu une blessure répétée d'autant plus délicieuse qu'elle est plus insupportable. Voyant donc cette facilité qui m'était offerte, ou, pour mieux dire, qui s'imposait à moi dans le progrès de ma construction, j'arrêtai d'abord la question finale, la question suprême à laquelle le *Jamais plus* devait, en dernier lieu, servir de réponse, — cette question à laquelle le *Jamais plus* fait la réplique la plus désespérée, la plus pleine de douleur et d'horreur qui se puisse concevoir.

Ici donc je puis dire que mon poëme avait trouvé son commencement, — par la fin, comme devraient commencer tous les ouvrages d'art ; — car ce fut alors, juste à ce point de mes considérations préparatoires, que, pour la première fois, je posai la plume sur le papier pour composer la stance suivante :

« Prophète ! — dis-je, — être de malheur ! oiseau ou démon ! toujours prophète ! par ce Ciel tendu sur nos têtes, par ce Dieu que tous deux nous adorons, dis à cette âme chargée de douleur si, dans le Paradis lointain, elle pourra embrasser une fille sainte que les anges nomment Lénore, embrasser une précieuse et rayonnante fille que les anges nomment Lénore. » Le corbeau dit : « Jamais plus ! »

Ce fut alors seulement que je composai cette stance, d'abord pour établir le degré suprême et pouvoir ainsi, plus à mon aise, varier et graduer, selon leur sérieux et leur importance, les questions précédentes de l'amant, et, en second lieu, pour arrêter définitivement le rhythme, le mètre, la longueur et l'arrangement général de la stance, ainsi que graduer les stances qui devaient précéder, de façon qu'aucune ne pût surpasser cette dernière par son effet rhythmique. Si j'avais été assez imprudent, dans le travail de composition qui devait suivre, pour construire des stances plus vigoureuses, *je me serais appliqué, délibérément et sans scrupule, à les affaiblir*, de manière à ne pas contrarier l'effet du *crescendo*.

Je pourrais aussi bien placer ici quelques mots sur la versification. Mon premier but était (comme toujours) l'originalité. Jusqu'à quel point la question de l'originalité en versification a été négligée, c'est une des choses du monde les plus inexplicables. En admettant qu'il y ait peu de variété possible dans le rhythme pur, toujours est-il évident que les variétés possibles de mètre et de stance sont absolument infinies, — et toutefois, pendant des siècles, aucun homme n'a jamais fait, en versification, ou même n'a jamais paru vouloir faire quoi que ce soit d'original. Le fait est que l'originalité (excepté dans des esprits d'une force tout à fait insolite) n'est nullement, comme quelques-uns le supposent, une affaire d'instinct ou d'intuition. Généralement, pour la trouver, il faut la chercher laborieusement, et, bien qu'elle soit un mérite positif du rang le plus élevé, c'est moins l'esprit d'invention que l'esprit de négation qui nous fournit les moyens de l'atteindre.

Il va sans dire que je ne prétends à aucune originalité dans le rhythme ou dans le mètre du *Corbeau*. Le premier est trochaïque ; le second se compose d'un vers octomètre acatalectique, alternant avec un heptamètre catalectique, — qui, répété, devient refrain au cinquième vers, — et se termine par un tétramètre catalectique. Pour parler sans pédanterie, les pieds employés, qui sont des trochées, consistent en une syllabe longue suivie d'une brève : le premier vers de la stance est fait de huit pieds de cette nature ; le second de sept et demi ; le troisième, de huit ; le quatrième, de sept et demi ; le cinquième, de sept et demi également ; le sixième, de trois et demi. Or, chacun de ces vers, pris isolément, a déjà été employé, et toute l'originalité du *Corbeau* consiste à les avoir combinés dans la même stance ; rien de ce qui peut ressembler, même de loin, à cette combinaison, n'a été tenté jusqu'à présent. L'effet de cette combinaison originale est augmenté par quelques autres effets inusités et absolument nouveaux, tirés d'une application plus étendue de la rime et de l'allitération.

Le point suivant à considérer était le moyen de mettre en communication l'amant et le corbeau, et le premier degré de cette question était naturellement le *lieu*. Il semblerait que l'idée qui doit, en ce cas, se présenter d'elle-même, est une forêt ou une plaine ; mais il m'a toujours paru qu'un espace étroit et resserré est absolument nécessaire pour l'effet d'un incident isolé ; il lui donne l'énergie qu'un cadre ajoute à une peinture. Il a cet avantage moral incontestable de concentrer l'attention dans un petit espace, et cet avantage, cela va sans dire, ne doit pas être confondu avec celui qu'on peut tirer de la simple unité de lieu.

Je résolus donc de placer l'amant dans sa chambre, — dans une chambre sanctifiée pour lui par les souvenirs de celle qui y a vécu. La chambre est représentée comme richement meublée, — et cela est en vue de satisfaire aux idées que j'ai déjà expliquées au sujet de la Beauté, comme étant la seule véritable thèse de la Poésie.

Le lieu ainsi déterminé, il fallait maintenant introduire l'oiseau, et l'idée de le faire entrer par la fenêtre était inévitable. Que l'amant suppose, d'abord, que le battement des ailes de l'oiseau contre le volet est un coup frappé à sa porte, c'est une idée qui est née de mon désir d'accroître, en la faisant attendre, la curiosité du lecteur, et aussi de placer l'effet incidentel de la porte ouverte toute grande par l'amant, qui ne trouve que ténèbres, et qui dès lors peut adopter, en partie, l'idée fantastique que c'est l'esprit de sa maîtresse qui est venu frapper à sa porte.

J'ai fait la nuit tempêtueuse, d'abord pour expliquer ce corbeau cherchant l'hospitalité, ensuite pour créer l'effet du contraste avec la tranquillité matérielle de la chambre.

De même j'ai fait aborder l'oiseau sur le buste de *Pallas* pour créer le contraste entre le marbre et le plumage ; on devine que l'idée du buste a été suggérée uniquement par l'oiseau ; le buste de *Pallas* a été choisi d'abord à cause de son rapport intime avec l'érudition de l'amant, et ensuite à cause de la sonorité même du mot *Pallas*.

Vers le milieu du poëme, j'ai également profité de la force du contraste dans le but de creuser l'impression finale. Ainsi j'ai donné à l'entrée du corbeau une allure fantastique, approchant même du comique, autant du moins que le sujet le pouvait admettre. Il entre *avec un tumultueux battement d'ailes.*

« *Il ne fit pas la moindre révérence* ; il ne s'arrêta pas, il n'hésita pas une minute ; mais, *avec la mine d'un lord ou d'une lady,* il se percha au-dessus de la porte de ma chambre… »

Dans les deux stances qui suivent, le dessein devient même plus manifeste :

« Alors cet oiseau d'ébène, *par la gravité de son maintien et la sévérité de sa physionomie,* induisant ma triste imagination à sourire : « Bien que ta tête, — lui dis-je, — soit *sans huppe et sans cimier,* tu n'es certes pas un poltron, lugubre et ancien corbeau, voyageur parti des rivages de la Nuit. Dis-moi quel est ton nom seigneurial aux rivages de la Nuit plutonienne ! » Le corbeau dit : « Jamais plus ! »
« Je fus émerveillé que *ce disgracieux volatile* entendît si facilement la parole, bien que sa réponse n'eût pas un bien grand sens et ne me fût pas d'un grand secours ; car nous devons convenir que jamais *il ne fut donné* à un homme vivant *de voir un oiseau au-dessus de la porte de sa chambre, un oiseau ou une bête sur un buste sculpté au-dessus de la porte de sa chambre* se nommant d'un nom tel que Jamais plus. »

Ayant ainsi préparé l'effet du dénoûment, j'abandonne immédiatement le ton fantastique pour celui du sérieux le plus profond : ce changement de ton commence avec le premier vers de la stance qui suit la dernière citée :

« Mais le corbeau, perché solitairement sur le buste placide, ne proféra, etc. »

À partir de cet instant, l'amant ne plaisante plus ; il ne voit même plus rien de fantastique dans la conduite de l'oiseau. Il parle de lui comme d'un *triste, disgracieux, sinistre, maigre et augural oiseau des anciens jours*, et il sent les *yeux ardents* qui le brûlent *jusqu'au fond du cœur*. Cette évolution de pensée, cette imagination dans l'amant, a pour but d'en préparer une analogue dans le lecteur, d'amener l'esprit dans une situation favorable pour le *dénoûment,* qui maintenant va venir aussi rapidement et aussi *directement* que possible.

Avec le dénoûment proprement dit, exprimé par le Jamais plus du corbeau, réponse lancée à la question finale de l'amant, — s'il retrouvera sa maîtresse dans un autre monde ? — le poëme, dans sa phase la plus claire, la plus naturelle, celle d'un simple récit, peut être considéré comme fini. Jusqu'à présent, chaque chose est restée dans les limites de l'explicable, du réel. Un corbeau a appris par routine le seul mot Jamais plus, et, ayant échappé à la surveillance de son propriétaire, est réduit, à minuit, par la violence de la tempête, à demander un refuge à une fenêtre où brille encore une lumière, la fenêtre d'un étudiant plongé à moitié dans ses livres, à moitié dans les souvenirs d'une bien-aimée défunte. La fenêtre étant ouverte au battement des ailes de l'oiseau, celui-ci va se percher sur l'endroit le plus convenable hors de la portée immédiate de l'étudiant, qui, s'amusant de l'incident et de la bizarre conduite du visiteur, lui demande son nom en manière de plaisanterie et sans s'attendre à une réponse. Le corbeau, interrogé, répond par son mot habituel Jamais plus, — mot qui trouve immédiatement un écho mélancolique dans le cœur de l'étudiant ; et celui-ci, exprimant tout haut les pensées qui lui sont suggérées par la circonstance, est frappé de nouveau par la répétition du Jamais plus. L'étudiant se livre aux conjectures que lui inspire le cas présent ; mais il est poussé bientôt par l'ardeur du cœur humain à se torturer soi-même, et aussi, par une sorte de superstition, à proposer à l'oiseau des questions choisies de telle sorte, que la réponse attendue, l'intolérable Jamais plus, doit lui apporter, à lui, l'amant solitaire, la plus affreuse moisson de douleurs. C'est dans cet amour du cœur pour sa torture, poussé à la dernière limite, que le récit, dans ce que j'ai appelé sa première phase, sa phase naturelle, trouve sa conclusion naturelle, et jusqu'ici rien ne s'est montré qui dépasse les limites de la réalité.

Mais, dans des sujets manœuvrés de cette façon, avec quelque habileté qu'ils le soient, avec quelque luxe d'incidents qu'on le suppose, il y a toujours une certaine âpreté, une nudité qui choque un œil d'artiste. Deux choses sont éternellement requises : l'une, une certaine somme de complexité, ou, plus proprement, de combinaison ; l'autre, une certaine quantité d'esprit suggestif, quelque chose comme un courant souterrain de pensée, non visible, indéfini. C'est cette dernière qualité qui donne à un ouvrage d'art cet air opulent, cette apparence *cossue* (pour tirer de la conversation journalière un terme efficace), que nous avons trop souvent la sottise de confondre avec l'idéal. C'est l'*excès* dans l'expression du *sens* qui ne doit être qu'*insinué*, c'est la manie de faire, du courant souterrain d'une œuvre, le courant visible et supérieur, qui change en prose, et en prose de la plus plate espèce, la prétendue poésie des soi-disant transcendantalistes.

Fort de ces opinions, j'ajoutai les deux stances qui ferment le poëme, leur qualité suggestive étant destinée à pénétrer tout le récit qui les précède. Le courant souterrain de la pensée se laisse voir pour la première fois dans ces vers :

« Arrache ton bec *de mon cœur*, et précipite ton spectre loin de ma porte ! » Le corbeau dit : « Jamais plus ! »

On remarquera que les mots *de mon cœur* renferment la première expression métaphorique du poëme. Ces mots, avec la réponse *Jamais plus*, disposent l'esprit à chercher un sens moral dans tout le récit développé antérieurement. Le lecteur commence dès lors à considérer le Corbeau comme emblématique ; — mais ce n'est que juste au dernier vers de la dernière stance qu'il lui est permis de voir distinctement l'intention de faire du Corbeau le symbole du *Souvenir funèbre et éternel* :

« Et le corbeau, immuable, est toujours installé, toujours installé sur le buste pâle de Pallas, juste au-dessus de la porte de ma chambre, et ses yeux ont toute la semblance des yeux d'un démon qui rêve ; et la lumière de la lampe, en ruisselant sur lui, projette son ombre sur le plancher ; et mon âme, *hors du cercle de cette ombre* qui gît flottante sur le plancher, ne pourra plus s'élever, — jamais plus ! »

C.B.